I0814427

Dedicado a todas las visionarias y pioneras latinas –muy especialmente a las poderosas Melissa González, Mia García Peña, Aída Salazar y Alexandra Villasante
–N.R.

Para mi mamá y papá, mis seguidores número uno desde el primer día.
–N.M.

Título original: *Best Believe: The Tres Hermanas, a Sisterhood for the Common Good*
La traducción al español fue realizada por Alberto Rojas Pinto.

Millbrook Press™
Una impresión de Lerner Publishing Group, Inc.
241 First Avenue North
Mineápolis, Minnesota 55401 EE. UU.

Para consultar los niveles de lectura y más información, busque este título en www.lernerbooks.com.

Fotografías cortesía de Joe Conzo.

Diseñado por Kimberly Morales.
Fuente del texto del cuerpo principal: Mundo Sans Std.
Las ilustraciones en este libro se crearon utilizando medio digitales.

Library of Congress Cataloging-in-Publication Data

Names: Ramos, NoNieqa, author. | Rojas Pinto, Alberto, translator. | Medina, Nicole, 1995- illustrator.
Title: Cree : las tres hermanas, una hermandad para el bien común / escrito por NoNieqa Ramos ; ilustrado por Nicole Medina ; traducido por Alberto Rojas Pint.
Other titles: Best believe. Spanish | Tres hermanas, una hermandad para el bien común
Description: Minneapolis : Carolrhoda Books, [2025] | Original title: Best believe: the Tres Hermanas, a sisterhood for the common good. | Includes bibliographical references. | Audience: Ages 6-10 | Audience: Grades 2-3 | Summary: "Rhythmic verse presents three sisters who moved from Puerto Rico to New York City as children and grew up to be activists in their Bronx community, focusing on schools, libraries, and the arts. Now in Spanish" –Provided by publisher.
Identifiers: LCCN 2024056521 (print) | LCCN 2024056522 (ebook) | ISBN 9798765685648 (paperback) | ISBN 9798765690888 (epub)
Subjects: LCSH: Puerto Rican women–New York (State)–New York–Biography–Juvenile literature. | Puerto Ricans–New York (State)–New York–Political activity–Juvenile literature. | Women political activists–New York (State)–New York–Biography–Juvenile literature. | Sisters–New York (State)–New York–Biography–Juvenile literature. | Social change–New York (State)–New York–Juvenile literature. | Bronx (New York, N.Y.)–Biography. | New York (N.Y.)–Biography.
Classification: LCC F128.9.P85 R36618 2025 (print) | LCC F128.9.P85 (ebook) | DDC 974.7/10046872950922–dc23/eng/20250203

Fabricado en Estados Unidos de América
1-1011936-54617-2/24/2025

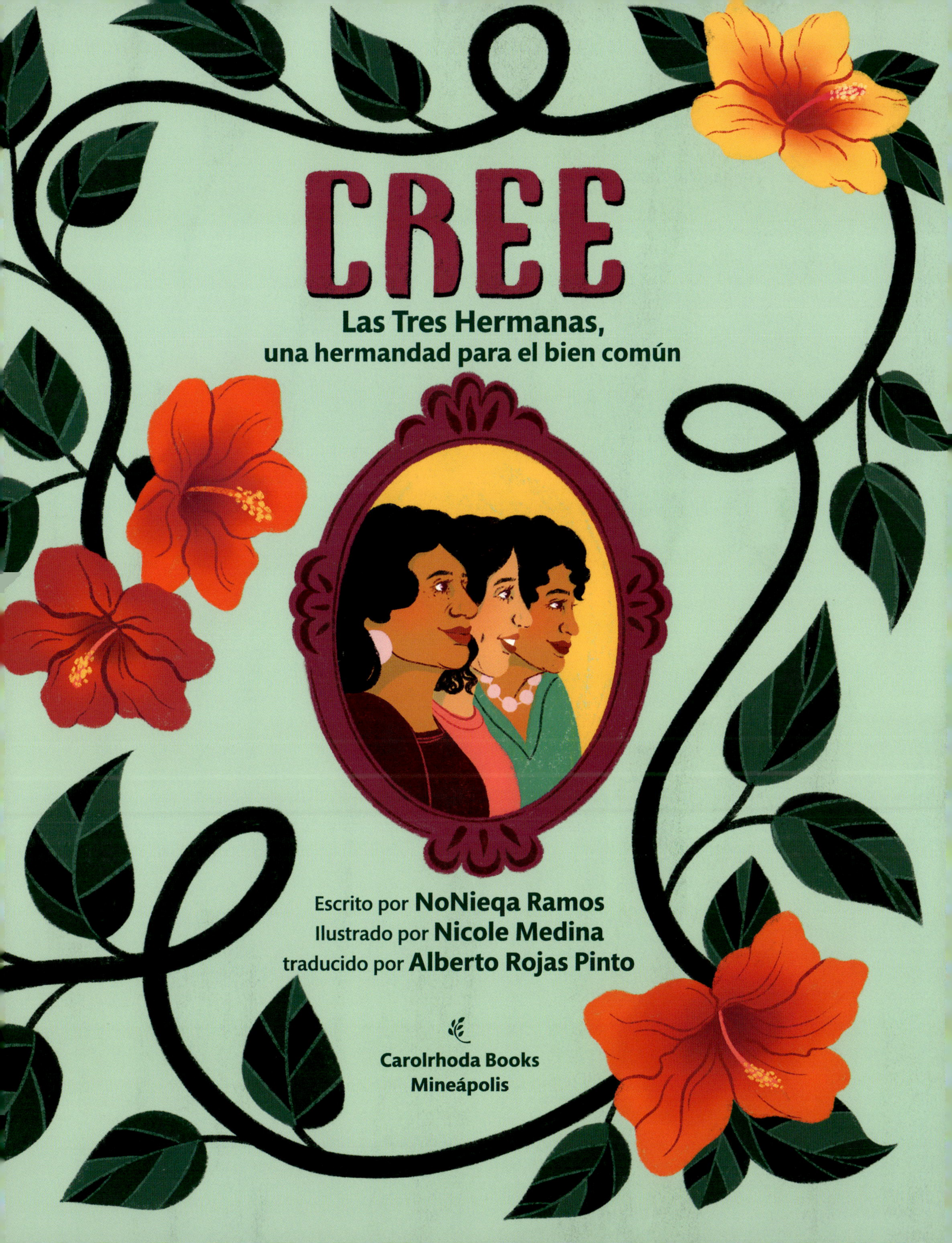

CREE

Las Tres Hermanas, una hermandad para el bien común

Escrito por **NoNieqa Ramos**
Ilustrado por **Nicole Medina**
traducido por **Alberto Rojas Pinto**

Carolrhoda Books
Mineápolis

El Bronx es más que trenes subterráneos y concreto.
Más que esfuerzo.
Más de lo que se ve a simple vista.

El Bronx es una biblioteca de historias.
De poesía pintada en las paredes.
De mujeres heroicas que han
cambiado la historia.

De familias portentosas.
De tres hermanas que cambiaron destinos.
Conocidas como las Tres Hermanas,
Evelina Antonetty, Lillian López y Elba Cabrera
nacieron y fueron criadas para liderar.

A lo largo de sus vidas, las tres hermanas se hicieron merecedoras de varios sobrenombres, títulos y grados.
Muchos consideran a su familia como realeza del Bronx.

Cuando Evelina era niña,
nunca imaginó que un día la llamarían reina.

¿Pero cómo se convierte una persona en realeza?

Evelina y su hermana menor Lillian
nacieron en un pobre pueblo pesquero de Salinas, Puerto Rico,
en la tierra taína de Borikén.
Las dos hermanas crecieron en una época de pobreza generalizada
llamada la Gran Depresión.

De su mami Eva aprendieron
a ser creativas y resilientes.
Cómo arreglárselas, para economizar
y hacer que la ropa durara.
Aprendieron sobre la importancia
de compartir recursos.

De sol a sol, su madre soltera trabajaba sin descanso.
Pero pobrecita, apenas lograba salir adelante.

¿Qué podría hacer para que sus niñas
pudieran vivir sin tener que trabajar el día entero?
Le partió el alma, pero mami
tomó una decisión importante.
Evelina se iría de Borikén
a vivir con Tía Vicenta y Tío Godreau
en Nueva York en el Spanish Harlem.

Mami dio a luz a su tercer bebé la noche
previa al viaje de Evelina.

Con la pequeña Elba dormida en sus brazos,
Evelina lloró
por todos los momentos que se perdería.

¿Pero cómo se convirtió Evelina
en una mujer que cambiaría
la historia?

Evelina no tenía mucho dinero.
Pero créelo,
ella tenía algo aún más valioso:
coraje y valentía.

Una clara mañana, Evelina dijo adiós.
Se abrazaron en familia. Rezaron. Lloraron.

Desde la cubierta del barco,
Evelina se despidió,
soñando con el futuro que le deparaba.
¿Le gustaría su nuevo hogar?
¿Su nueva escuela?
¿Haría amigos?

Aunque se suponía que el Sueño Americano iba a
ser una oportunidad dorada,
la joven Evelina sería testigo de la dura realidad de los puertorriqueños.

En vez de la promesa de vida, libertad y
la búsqueda de la felicidad,
ellos eran discriminados por
el color de su piel, su origen y su idioma.
¿Era Estados Unidos un país de promesas rotas?

Evelina estaba furiosa. ¿Pero cuáles fueron sus primeros pasos?
Tía Vicenta le enseñó que la rabia podía ser un don.
Porque significaba que ella tenía los ojos abiertos para ver las injusticias.
Porque significaba que tenía la imaginación para hacer
algo al respecto.

Su tía le mostró a Evelina
Cómo resolver problemas
y organizar el barrio.
Evelina conoció al activista
puertorriqueño Jesús Colón.
Él le habló sobre
cómo los trabajadores merecían dignidad
y cómo servir a las personas era
responsabilidad de todos.

De sus mayores,
Evelina aprendió a luchar.
No con los puños, pero con
su poder para unir a la gente.

EVELINA & TÍA VICENTA

JESÚS COLÓN & EVELINA

¡Dos años después del viaje de Evelina,
llegaron a Harlem
Lillian, Elba y Mami!

La vida en la residencia Godreau era todo menos solitaria.
Después del trabajo, Tío llegaba a casa con dulces, bromas e historias.
Elba lo amaba tanto que le decía Papi.

Y cuando Tío Godreau no estaba cocinando una tormenta en la cocina,
afanosamente promovía a bailarines, cantantes y músicos.

¡Imagina las sala galas en el apartamento de Tío Godreau!
Los músicos Bobby Capó y Machito cantándole a Elba ¡Feliz cumpleaños!
Todo el barrio acompañándola al soplar las velas
sobre un bizcocho de tres niveles.

O al cantante Mario Bauza
entonando una canción de cuna cubana.
Cada una de las hermanas sonriendo
mientras se les cerraban sus ojos de sueño.

¿En qué estarían soñando mientras
se quedaban dormidas?
¿Cuáles eran los sueños de las niñas pequeñas
que llegarían a ser consideradas como realeza del Bronx?

Créelo, nadie le iba a decir a Evelina
qué hacer o quién ser.

Ella pensaba en cómo los niños en la escuela
se burlaban de ella por su acento
y cómo se reían de cualquier persona
que no hablara aún inglés.

Evelina estaba lista para ayudar desde
la temprana edad de trece años.
Usó su nueva habilidad de hablar inglés y español
para ayudar a las personas que recién llegaban
a la comunidad.

Les ayudaba a leer cuentas y
contratos escritos en inglés.
Les ayudaba a hablar con los arrendatarios par
solucionar problemas en sus departamentos.

Protestaba cuando desalojaban a los vecinos que no podían pagar la renta, lanzando sus pertenencias a la calle.
Viajaba en un tranvía para llevarles víveres a sus vecinos.

¡Imagina lo ocupada que estaba Evelina ayudando a otros, estudiando en la escuela y con sus responsabilidades familiares!

Créelo, las Tres Hermanas habían aprendido
que los vecinos son familia.
Que cuidarse unos a otros en tiempos difíciles
es el súper poder de la comunidad.

Evelina creció, se casó,
y se mudó a South Bronx en la década de 1940.
Como madre de tres niños en la escuela,
vio disparidad.
Cómo trataban bien a los niños blancos,
y mal a los niños negros y morenos.
Los maestros dictaban clases y tomaban pruebas en inglés a
niños que sólo hablaban y leían en español.
Cuando los estudiantes puertorriqueños fallaron,
decían que no valía la pena enseñarles a leer pues
nunca alcanzarían el éxito.

Evelina estaba furiosa.
Nuevamente, su rabia fue un don.

Evelina dijo: "Comencé a ver a la escuela como una isla.
A las tres de la tarde, los encargados de la escuela cerraban las puertas y se iban de la comunidad . . .

No había en la escuela maestros de nuestra comunidad"
Luchó contra el sistema escolar formando un ejército de mamis.

En 1965, Evelina creó la United Bronx Parents, UBP, para fortalecer a la comunidad. Dijo, "Nos corresponde a nosotros, como padres, exigir y conseguir que las autoridades escolares, los legisladores y los funcionarios municipales den a nuestros hijos la educación a la que tenemos derecho. Nuestros hijos pueden ser los educadores, médicos y líderes del mañana. Que nadie nos diga lo contrario".

Algunas personas decían que Evelina era alborotadora.
La insultaban.
Deseaban que no participara, que se quedara quieta, en silencio.
Pero Evelina era desafiante. Orgullosa.
Y su hermana más pequeña, Elba, era su mano derecha.

Elba era su secretaria, su apoyo, su jugadora más valiosa.
Juntas, exigieron que las escuelas contrataran a directores y maestros de color de calidad y que les pagaran buenos salarios.
Abogaron por la educación bilingüe.
Para que los estudiantes tuvieran comidas saludables en la escuela y espacios limpios y seguros para aprender.

Y como "el hambre no toma vacaciones",
Elba se convirtió en jefa de oficina y directora del programa de alimentación de verano para toda la ciudad.

Créelo en el vínculo sagrado entre hermanas.
La magia de hermanas que trabajan juntas para hacer realidad un sueño.

SAVE HOST
MARATHON
SATURD
APRIL 3
197
JOIN US
SAVE HOSTOS
FIGHT BACK

En 1968, mientras estudiaba para licenciarse,
Elba ayudó a Evelina a fundar el Colegio Comunitario Hostos,
que satisfacía una importante necesidad de la comunidad.
Eran un equipo.
Hostos proporcionaría una educación asequible que resaltaría las raíces culturales
de las personas negras y morenas, y su contribución a la sociedad.

En 1976, las hermanas lo defendieron
cuando el Alcalde Abraham Beame trató de clausurarlo de manera permanente.
Durante nueve días, Evelina, los maestros, los estudiantes, veteranos de Vietnam y
artistas ocuparon el edificio administrativo del Colegio Comunitario Hostos.

A pesar del arresto de cuarenta personas,
¡lograron la victoria!
Las acciones de los manifestantes mantuvieron al colegio abierto,
y hoy en día, es considerado uno de los mejores colegios comunitarios
de la Ciudad de Nueva York.

¿Y la hermana del medio, Lillian?
Ella era considerada callada.
Reservada. Introvertida. Discreta.
Pero créelo,
sus contribuciones fueron igual de importantes para la historia.

A pesar de los desafíos de enfrentarse como mujer puertorriqueña
al sexismo y al racismo,
Lillian se graduó en bibliotecología de la Universidad de Columbia.
¡Llegó a ser la directora de proyecto de South Bronx a cargo de nueve bibliotecas!

¡Con el tiempo, se convirtió en la primera administradora puertorriqueña como coordinadora del distrito del Bronx a cargo de TODAS las bibliotecas del Bronx!

Imagina que los libros son portales mágicos.
Pero en la década de 1960, sólo los lectores que hablaban inglés tenían llaves.
Lillian luchó para introducir libros en español y bilingües,
y contratar a personal que hablara español en las bibliotecas
de Bronx y Manhattan.

De hecho, en 1975
cuando el Alcalde Beame trató de ahorrar dinero
cerrando SOLAMENTE bibliotecas
en comunidades negras, morenas y pobres,
ninguna biblioteca en comunidades blancas,
Lillian *fue* la llave.

Al cerrar estas bibliotecas,
el alcalde les estaba robando a las familias.
Quitándoles el poder de leer y crear oportunidades.
De facultar a las personas a imaginar y crear sus propios destinos.

Las Tres Hermanas y la UBP se enfrentaron con el Alcalde Beame.
Tomaron las bibliotecas de Hunts Point y Tremont
con la ayuda de Lillian, quien les había pasado las llaves en secreto.
Se encerraron en las bibliotecas por dos semanas en protesta.

El alcalde entendió el mensaje y buscó mejores maneras de ahorrar dinero para la ciudad.
¡Imagina la fiesta de triunfo de las Tres Hermanas!

·NEW ·YORK · PUBL
LIBRARY
LIBRARY

Pero incluso en la victoria, créelo, las Tres Hermanas
tenían que recordarse unas a otras de descansar.
Respirar.
Dormir.
Comer.

Jugar.
Reír con ganas.
Rezar.
Que no se puede cambiar el mundo en un solo día.

En 1978, las hermanas celebraron una nueva victoria.
Elba se licenció en Bellas Artes.
¡Llegó a ser directora de la Asociación de Artes Hispanas
y tuvo un programa de televisión en el que entrevistaba
a famosas estrellas latinas!

Luego fue directora de marketing del Lehman Center for the Performing Arts, que llevaba música, danza y teatro de todo el mundo, a precios asequibles, a la gente del Bronx.

Más tarde, Elba presentó un programa de radio semanal que destacaba la excelencia hispana. Durante toda su vida fue una defensora de las artes, la cultura y la comunidad, organizando y promoviendo artistas que se convirtieron en queridos amigos. ¡Muchos la llaman La Madrina de las Artes!

Las Tres Hermanas creían en sí mismas.
Las Tres Hermanas creían las unas en las otras.
Créelo, las Tres Hermanas creían en ti.
¿Tú también crees en ti?
Creían en tu talento.
Creían en tus dones.
Creían en tu inteligencia.
Creían que mereces felicidad.

Creían que mereces una vivienda
segura y comida saludable.
Excelentes maestros.
Una escuela de primera.
Libros y bibliotecas.
Creían que lo que mereces no tiene nada que
ver con tener mucho dinero.

¿Así que las Tres Hermanas son realmente de la realeza?

De adulta, a Evelina le dijeron que era una reina.
Ella respondió: "No creo en ser reina.
Creo en ser una buena persona".

NOTA DE LA AUTORA

En el Bronx, en la esquina sureste de East 156th Street y Prospect Avenue, se encuentra Dra. Evelina Antonetty Way. Ese letrero es un recordatorio de la rica historia de inmigrantes puertorriqueños del distrito, incluidas las tres hermanas que llegaron a ser conocidas como Las Tres Hermanas del Bronx. Pero cuando yo crecí allí, el Bronx tenía una reputación, todavía la tiene, y no era la de tener una rica historia. Las películas y la televisión lo mostraban como un vertedero infestado de delincuencia. Si le decía a la gente que venía del Bronx, me preguntaban si el Bronx tenía árboles. (Los tiene. Parques llenos de árboles y flores, y grandes rocas para trepar y lugares donde saltar la cuerda. Y todo un zoológico y un jardín botánico del Bronx. Ah, y escuelas como mi escuela secundaria, Cardinal Spellman, de la que se graduó la boricua Sonia Sotomayor, jueza de la Corte Suprema.). El Bronx era y sigue siendo el barrio más pobre de Nueva York.

La lucha es real en Boogie Down, pero no es ni mucho menos lo único que define al distrito.

La riqueza del Bronx proviene de su gente, sus familias, sus activistas, educadores, artistas, bibliotecarios y demás. Proviene de todas las personas que lo convierten en un lugar al que siempre vuelvo, tanto en mis visitas a la Biblioteca Pública del Bronx de Nueva York como en libros como éste. A veces una herencia es más que dinero.

Piensen en todo lo que hemos heredado de Eva, Evelina, Elba y Lillian.

Estaré eternamente agradecida al fotoperiodista del Bronx Joe Conzo Jr. por ponerme en contacto con su Titi Elba y por su increíble generosidad al compartir un tesoro de fotos históricas. Amor infinito a la querida Elba, siempre la poderosa, que tomó el tiempo de educarme sobre la notable historia de su vida y del Bronx.

La lucha por la justicia y la igualdad continúa. Parte de la batalla se gana honrando a mujeres heroicas como las Tres Hermanas, Evelina, Lillian y Elba, y siguiendo sus valientes ejemplos.

Escanea el código QR para obtener más recursos e información adicional sobre las Tres Hermanas.

qrs.lernerbooks.com/best-believe

NOTAS DE LAS FUENTES

"Comencé a ver . . .de nuestra comunidad" Laura Kaplan, "United Bronx Parents and the Struggle for Educational Equality in the 1960s," *Theory, Research, and Action in Urban Education* 4, no. 2, primavera de 2016, https://traue.commons.gc.cuny.edu/volume-iv-issue-2-spring-2016/1050-2.

"Nos corresponde . . .nos diga lo contrario" Lana Dee Povitz, "Hunger Doesn't Take a Vacation: The Food Activism of United Bronx Parents," en *Women's Activism and "Second Wave" Feminism*, editoras Barbara Molony y Jennifer Nelson (Nueva York: Bloomsbury Academic, 2017), https://www.bloomsburycollections.com/book/womens-activism-and-second-wave-feminism/ch1-hunger-doesn-t-take-a-vacation-the-food-activism-of-united-bronx-parents.

"el hambre no toma vacaciones" Povitz.

"No creo en . . .una buena persona" Elba Cabrera, entrevista con la autora, 30 de noviembre de 2021.

"Nunca dejaremos . . .iremos" Saleema Walter, "Evelina López Antonetty: The Mother of the Bronx," Consejo Musulmán de Asuntos Públicos, 30 de marzo de 2023, https://www.mpac.org/article/evelina-lopez-antonetty-the-mother-of-the-bronx.

"La desesperación que . . .en un barco" "Remembering a Neighborhood Activist," *Mott Haven (NY) Herald*, 2 de agosto de 2011, https://motthavenherald.com/2011/08/02/remembering-a-neighborhood-activist.

"Mi papel es . . .el ciudadano común" "Lillian López Papers," Archivos de la Diáspora Puertorriqueña, Centro para Estudios Puertorriqueños, con acceso el 25 de julio de 2023, https://centroarchives.hunter.cuny.edu/repositories/2/resources/26.

"Si había un . . .a mi comunidad" Miss Rosen, "A New York Exhibition Remembers 'The Hell Lady of the Bronx,'" *i-D*, 14 de septiembre de 2022, https://i-d.vice.com/en/article/epza4j/dr-evelina-lopez-antonetty-100-centennial-exhibition-new-york.

"El objetivo del . . .y la comunidad" "Lillian López Papers."

"Estaremos encantados . . .a los problemas" Povitz.

"Ella fue el espíritu . . .y su organización" "Remembering a Neighborhood Activist."

"Todos nacimos . . .hambre y determinación." Rosen.

PARA TU INFORMACIÓN

administrador: alguien que toma decisiones importantes y resuelve problemas. Como administradora puertorriqueña, Lillian tomó decisiones que ayudaron a comunidades desatendidas.

arrendador: persona de negocios o empresa que posee edificios o terrenos y gana dinero cobrando un alquiler a las personas (inquilinos) que quieren utilizarlos.

bibliotecología: ciencia que estudia las bibliotecas en todos sus aspectos.

bilingüe: persona que habla dos idiomas

bizcocho: palabra que significa pastel; se usa en ciertos lugares, entre ellos Puerto Rico

Bobby Capó: el cantante y compositor Félix Manuel "Bobby" Rodríguez Capó; escribió y cantó la popular canción "Soñando con Puerto Rico".

Borikén: nombre de Puerto Rico en lengua taína. Los taínos son el grupo más numeroso de personas indígenas o nativas que viven en las islas del Caribe. Viven en las islas que hoy son Puerto Rico, República Dominicana, Haití, Cuba y Bahamas.

Bronx, el: distrito de Nueva York, apodado Boogie Down Bronx en honor a su historia como cuna de la música rap y hip-hop.

desalojar: cuando un propietario obliga a un inquilino (arrendatario) a abandonar una propiedad por no haber pagado el alquiler u otros motivos.

dignidad: el derecho de una persona a ser valorada y respetada por su condición de ser humano

discriminación: trato injusto por motivos de edad, discapacidad, género, identidad de género, religión o creencias, lugar de nacimiento, raza, color de piel o sexualidad

disparidad: una diferencia notable y a menudo injusta

distrito: una de las cinco divisiones de la ciudad de Nueva York

East Harlem: barrio del distrito neoyorquino de Manhattan; cuna del jazz latino

economía: consiste en todas las personas que fabrican cosas, todas las personas que usan cosas, y todas as compras y ventas de esas cosas

flor nacional de Puerto Rico: la Flor de Maga; se parece mucho a la amapola. La flor nacional aparece en la portada de este libro. Las flores del interior del libro son amapolas, en honor a la flor favorita de Evelina.

injusticia: falta de justicia

Jesús Colón: activista y organizador comunitario que escribió poesía y relatos sobre sus experiencias como afro-puertorriqueño residente en Nueva York.

latino: término utilizado con mayor frecuencia en Estados Unidos para describir a una persona de origen o ascendencia latinoamericana.

legisladores: funcionarios electos responsables de elaborar las leyes de una ciudad, estado o país.

Machito: músico de renombre; con Mario Bauzá, creó la primera grabación de jazz afrocubano.

marketing: explicar a la gente lo que ofrece una empresa y ayudarles a entender por qué lo querrían o necesitarían.

racismo: discriminación racial

sexismo: trato injusto debido al género; a menudo dirigido a niñas y mujeres

sobrenombre: nombre calificativo con que se distingue especialmente a una persona. Otro sobrenombre de Evelina era Titi, que es una manera cariñosa de llamar a una tía.

Taíno: Pueblo indígena del Caribe

United Bronx Parents (UBP): organización fundada por Evelina Antonetty en 1965 que reunía a padres y activistas puertorriqueños y afroamericanos preocupados por la calidad de las escuelas públicas de South Bronx.

LÍNEA DEL TIEMPO

Década de 1920: La activista puertorriqueña Evangelina (Eva) Cruz López cree que Puerto Rico debe liberarse del control de Estados Unidos.

1922: Eva da a luz a Evelina López.

1925: Eva da a luz a Lillian López.

1928: El huracán San Felipe Segundo arrasa las fábricas de azúcar y acaba con la cosecha de café de Puerto Rico, destruyendo la economía de la isla. Miles de personas se quedan sin hogar.

1929: Comienza la Gran Depresión. En los diez años siguientes devasta la economía mundial. Millones de personas pierden sus empleos y sus hogares.

1933: Eva da a luz a Elba Cabrera. Envía a Evelina, de once años, en un viaje de cinco días en barco de vapor a vivir con su Tía Vicenta y su Tío Godreau en Nueva York.

"La desesperación que debía de haber, para enviar a tu hija sola en un barco . . ."

—Anita Antonetty, nieta de Evelina

Eva Cruz (*derecha*) con sus hijas: Evelina (*centro arriba*), Lillian (*izquierda*) y Elba (*centro abajo*)

1935: Eva, Lillian y Elba viajan a Nueva York y se reúnen con Evelina en East Harlem.

Finales de la década de 1930: La adolescente Evelina y su Tía Vicenta trabajan con líderes comunitarios como Jesús Colón para luchar por los derechos de los trabajadores. Evelina ayuda a los vecinos que no dominan el inglés.

1940: Evelina se casa a los dieciocho años de edad.

Principios de la década de 1940: Evelina se traslada a South Bronx. Como una de las primeras latinas en ser contratada por el sindicato estadounidense United Auto Workers, ayuda a preparar a los hispanohablantes para la vida laboral.

1944: Lillian se gradúa de la escuela secundaria Washington Irving.

1947: Evelina se divorcia de su primer esposo.

1951: Elba se gradúa de la Bronx Vocational High School con formación en secretariado y contabilidad.

1952: Lillian se matricula en Hunter College.

1955: Evelina se casa con Donald Antonetty. Su madre y hermanas se mudan a South Bronx para vivir cerca de ella. Los vecinos la visitan regularmente para pedir ayuda y consejo.

1959: Lillian se licencia en el Hunter College.

1960-1962: Lillian obtiene un máster en bibliotecología de la Universidad de Columbia y aboga por mejorar los servicios bibliotecarios para los residentes hispanohablantes de Nueva York.

"[Mi papel es conseguir que la biblioteca] baje a la tierra y atienda las necesidades del ciudadano común".

Lillian López

1962: Cuando su hija Anita empieza a ir al colegio, Evelina se convierte en presidenta de la Asociación de Padres y Profesores de la escuela PS5. Encabeza el primer programa Head Start de Nueva York, que ayuda a los niños desde su nacimiento hasta los cinco años de edad.

1964: Evelina funda United Friends and Neighbors of the Bronx en el 645 de Union Avenue para ayudar a padres y familias a tener voz en su comunidad escolar.

1965: United Friends and Neighbors of the Bronx se convierte en United Bronx Parents. UBP apoya a los padres en la lucha por la contratación de educadores que se parezcan y suenen como sus alumnos, la representación correcta de la historia puertorriqueña y afroamericana en las aulas, un sistema disciplinario justo que no se centre de manera especial en los alumnos negros, indígenas y de color, edificios escolares limpios y seguros, y comida escolar saludable. En la comunidad, luchan por los derechos de los inquilinos, la vivienda justa, el derecho al voto, la eliminación de la basura y los residuos tóxicos vertidos en los barrios negros y morenos, y mucho más.

"Si había un problema, [Evelina] estaba en primera línea haciéndolo saber: 'No van a cerrar esta escuela o este cuerpo de bomberos. No van a quitarle esto a mi comunidad.'"

—El nieto de Evelina, el fotoperiodista Joe Conzo Jr.

1966–1978: Elba trabaja en United Bronx Parents como secretaria, directora de oficina y directora de su programa de alimentación de verano.

1967: Lillian encabeza el South Bronx Project (SBP), que lleva cuentos bilingües a escuelas, iglesias y parques infantiles. Contrata a la pionera bibliotecaria puertorriqueña Pura Belpré (que se había jubilado) para que enseñe al personal a crear marionetas, disfraces y utilería para la lectura de cuentos.

"El objetivo del proyecto era romper las barreras entre la biblioteca y la comunidad".

—Lillian López

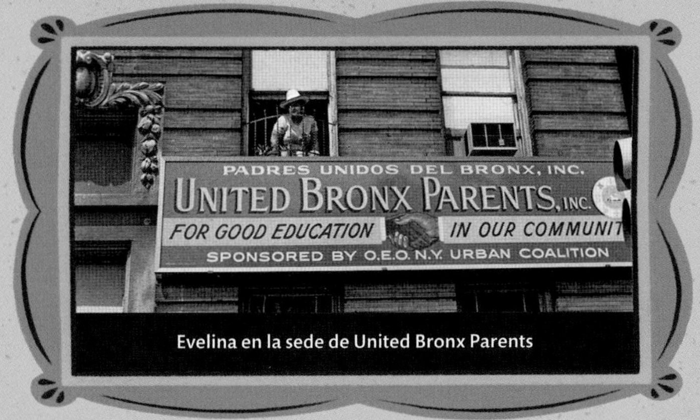

Evelina en la sede de United Bronx Parents

1969: Evelina, Elba y la UBP luchan por mejorar las condiciones de los niños de color en los comedores escolares. La UBP invita a funcionarios electos a un almuerzo. El menú contiene productos que suelen servirse a los estudiantes, como pan duro y macarrones agrios. Uno de los invitados se enferma. La UBP organiza entonces otro almuerzo escolar y sirve a los funcionarios alimentos nutritivos (patatas dulces, trozos de jamón y plátanos) que cuesta una fracción de lo que la ciudad gasta en almuerzos escolares.

"Estaremos encantados de servirles un 'auténtico almuerzo escolar' como debe ser. Esperamos que ustedes, nuestros representantes electos . . . nos digan qué han hecho para conseguir nuestras demandas. No nos interesa que nos digan por qué existen estos problemas. ¡Queremos soluciones a los problemas!"

—United Bronx Parents

1970: Para llamar la atención sobre el constante problema del despilfarro en el programa de almuerzos escolares causado por la mala calidad de los alimentos, la UBP vierte bolsas de basura de plástico llenas de alimentos recogidos de los contenedores de basura de las escuelas en un edificio gubernamental del centro de Manhattan.

Evelina ayuda a transformar la antigua escuela primaria de Elba, PS 25, en la primera escuela pública de Estados Unidos que ofrece clases tanto en inglés como en español. Pronto le seguirán otras escuelas.

"Ella fue el espíritu y la fuerza que impulsó la educación bilingüe en Estados Unidos, por decirlo en pocas palabras. No habría sucedido con la rapidez y la manera en que se hizo si no hubiera sido por su energía y su organización."

—Vicky Gholson, antigua miembro de la junta directiva de United Bronx Parents

Evelina recibe un doctorado honorífico de Manhattan College.

"Todos nacimos con un doctorado en pobreza, hambre y determinación."

—Evelina Antonetty

Década de 1970: Lillian se afilia a la Asociación Estadounidense de Bibliotecas y a la Asociación de Bibliotecas de Nueva York.

1971: Evelina, Elba y la UBP dirigen un programa de comidas gratuitas en verano para 150.000 niños de Nueva York.

1972: Lillian asume la dirección de la Oficina de Servicios Especiales de la Biblioteca Pública de Nueva York, lo que le permite realizar proyectos similares al SBP en toda la ciudad de Nueva York.

1973–1978: Evelina, Elba y la UBP evitan el cierre del Colegio Comunitario Hostos.

1978: Elba se gradúa con honores de la Universidad Estatal de Nueva York en Old Westbury. Comienza a trabajar en la Asociación de Artes Hispanas, donde promueve las actividades de más de cien organizaciones artísticas, crea el Directorio de Organizaciones Artísticas Hispanas y presenta un programa de televisión semanal.

1978–1988: Elba se convierte en directora de marketing del Lehman Center for the Performing Arts.

1979: Lillian se convierte en coordinadora del distrito del Bronx, responsable de treinta y tres bibliotecas filiales.

1980–1982: Lillian es nombrada miembro del Grupo de Trabajo de Minorías de la Comisión Nacional de Bibliotecas y Ciencias de la Información.

1984: Evelina Antonetty pasa a la otra vida. Su hija Lorraine Montenegro se convierte en la directora de la UBP.

1985: Lillian se jubila tras veinticinco años de servicio bibliotecario.

1988–1991: Elba es directora de Asuntos Hispanos/Admisiones del Center for the Media Arts.

2003: Elba se jubila oficialmente, aunque se mantiene activa en varios consejos, incluida la Hostos Community College Foundation. Recibe numerosos honores, entre ellos el Network of Bronx Women Laureate Award y el Latino Plus 50 Lifetime Achievement Award.

2005: Lillian López pasa a la otra vida.

2022: Centro, Hunter College, Hostos Community College y el Comité del Centenario de Evelina celebran la vida y el legado de Evelina Antonetty en un acto de una semana de duración que incluye campañas de inscripción de votantes, plantación de árboles y exposiciones artísticas y educativas.

Las Tres Hermanas (*de izquierda a derecha*): Evelina, Elba y Lillian

BIBLIOGRAFÍA SELECTA

"A Celebration of the Life and Times of Evelina Antonetty." Evelina 100, 4 de octubre de 2022. https://www.evelina100.digital/.

"Elba Cabrera Papers ", Archivos de la diáspora puertorriqueña. Centro para Estudios Puertorriqueños, Hunter College, CUNY. Con acceso el 31 de marzo de 2023. https://centroarchives.hunter.cuny.edu/repositories/2/resources/35.

"Evelina Lives: A Short Documentary." Video de YouTube, 9:22. Posteado por BronxNet, septiembre de 2022. https://www.youtube.com/watch?v=U2P-JLodckU&t=8s.

Flores-Hostos, Aurora. "'I'm a Mother, and I'm a Mother': A Eulogy for Evelina, the Hell Lady of the Bronx." The Latinx Project, 16 de septiembre de 2022. https://www.latinxproject.nyu.edu/intervenxions/1wyt8fmrwrsdsyf3z745mjpjzl549p.

"OPEN BxRx Friday | Evelina Antonetty Centennial Celebration: Fort Apache the Bronx Viewing & Panel." Video de Bronxnet, 16:06, 2 de septiembre de 2022. https://archive.org/details/bronxny-OPEN_BxRx_Friday_Evelina_Antonetty_Centennial_Celebration_-_Fort_Apache_the_Bronx_Viewing_.

Povitz, Lana Dee. "Hunger Doesn't Take a Vacation: The Food Activism of United Bronx Parents." En *Women's Activism and "Second Wave" Feminism*, editado por Barbara Molony y Jennifer Nelson. Londres: Bloomsbury Academic, 2017, 15–36. https://www.bloomsburycollections.com/book/womens-activism-and-second-wave-feminism/ch1-hunger-doesn-t-take-a-vacation-the-food-activism-of-united-bronx-parents.

LECTURAS COMPLEMENTARIAS

Aldamuy Denise, Anika. *Planting Stories: The Life of Librarian and Storyteller Pura Belpré*. Nueva York: Harper, 2019.

González, Karina Nicole. *The Coquíes Still Sing*. Nueva York: Roaring Brook, 2022.

Hill, Laban Carrick. *When the Beat Was Born: DJ Kool Herc and the Creation of Hip Hop*. Nueva York: Roaring Brook, 2013.

Hoang, Zara González. *A New Kind of Wild*. Nueva York: Dial, 2020.

Orenstein-Cardona, Anna. *The Tree of Hope: The Miraculous Rescue of Puerto Rico's Beloved Banyan*. Minneapolis: Beaming Books, 2022.

Sotomayor, Sonia. *Turning Pages: My Life Story*. Nueva York: Philomel, 2018.